Publicado por Adam Gilbin

@ Federico Vallejo

La Dieta Mediterránea: Sabores Tradicionales

para una Vida Saludable

Todos los derechos reservados

ISBN 978-87-94477-54-3

TABLA DE CONTENIDO

focaccia De Romero Y Aceitunas 1

Molletes Capuchino 3

Picadillo De Garbanzos 5

Ñoquis Al Pesto 8

Raviolis De Tomate... 10

Espaguetis A Con Crema De Alcachofas 12

Chili De Maíz Con Carne 14

Plato De Ternera Al Balsámico 16

Asado De Ternera Con Salsa De Soja............................. 18

Desayuno Sabroso Con Una Ensalada 21

Ricotta De Almendras Con Miel Y Melocotones En Un Muffin Inglés 24

Muffins De Huevo Para El Desayuno............................. 26

Tostadas De Desayuno Al Estilo Mediterráneo 29

Copos De Avena Con Plátano Y Nueces 30

Feta Desmenuzado Y Chalotas 32

Sándwich Pita De Vegetales Y Salsa De Pepino Con Yogur Griego 33

Ensalada Y Pizza 36

Falafel Al Horno 37

Frotada El Salmón Al Curry 40

Tortilla De Calabacín 42

Sopa De Vegetales Tuniciana 44

Espaguetis Con Aceitunas Y Espinacas 46

Arroz Venus Con Verduras 48

Asado De Ternera Al Romero 50

Chuletas De Cerdo Con Salsa De Tomate 52

Aguacate, Salmón Ahumado Y Huevos Escalfados En Pan Tostado 54

Pancakes De Yogur Griego Con Moras Y Bayas 57

Pan De Banana Y Nueces 60

Cazuela De Huevo 63

Desayuno Mediterráneo Hash 65

Gnocchi Jamón Aceitunas 68

Huevos Y Verduras Para Desayunar 70

Gachas De Cebada 72

Ensalada De Maíz, Frijol Negro Y Salsa De Tomate 74

Hamburguesa Vegetariana Y Patatas Frescas 76

Pasta De Pollo Griego 78

Pollo Al Limón 82

Sopa Minestrones Con Zapallos Y Papas 85

Sopa Pistou 87

Sopa De Habas A La Menta 88

Risotto Con Setas 90

Penne Alla Puttanesca 92

Espaguetis Carbonara 94

Patata De Cerdo 96

Costillas De Cerdo Con Sabor A Café 98

Copas De Huevos Cocinados Con Vegetales Y Fetas De Queso 100

Bandeja De Lechuga Con Garbanzo 103

Estratos Del Desayuno Al Estilo Italiano 106

Tortilla Griega De Cara Abierta 110

Batido De Melocotón Al Amanecer............................. 112

Batido De Fresa Y Ruibarbo... 113

Gachas De Coco 115

Servicio Italiano Y Tomates 116

Pasta De Atún 117

Plato De Desayuno Para El Almuerzo......................... 118

Pollo Del Mediterráneo Con Pimienta Cereza............ 119

Pollo Del Mediterráneo 123

Ensalada De Farro 126

Torta De Vegetales Mediterránea.............................. 129

Pan Untado Con Crema De Atún 133

Fettuccine Alfredo.. 135

Gnocchi Al Sorrentina... 137

Pesto De Rúcula Con Linguine.................................... 139

Receta De Pastel De Carne En Olla Lenta................... 141

Focaccia De Romero Y Aceitunas

Ingredientes:

- 2 cucharaditas de sal
- 1 cucharada de azúcar
- 2 tazas de agua tibia
- 1/3 taza de aceite de oliva
- 2/3 tazas de aceitunas negras sin carozo
- 1 tazas ½ de harina
- 2 cucharadas de levadura seca
- 1 cucharada de orégano
- 2 cucharadas de romero picado

Direcciones:

1. Precaliente el horno a 375F (190C).

2. Mezcle la harina , la levadura, el orégano, el azúcar, aceite de oliva y la sal. Formar una masa y agregar el agua. Cubrir la masa con un repasador tibio y dejarlo por 1 hora.
3. Colocar en una fuente para horno la masa apretando suavemente con los dedos para que quede pareja. O si prefiere arme galletas individuales con las manos (como se muestra en la foto)
4. Presione con los dedos las aceitunas dentro de la masa junto con el romero
5. Cocine por 1 hora.

Molletes Capuchino

Ingredientes:

- Una pizca de sal

- ½ taza de azúcar marrón

- 1 huevo

- ½ taza de crema

- 2 tazas de harina

- 1 cucharadita de polvo de hornear

- 1 taza de café expreso

Direcciones:

1. Precaliente el horno a 375F (190C).
2. Enmanteque la fuente para molletes
3. Combine en un recipiente la harina, el polvo de hornear y la sal y mezcle bien.
4. Agregue la harina y el azúcar.

5. Bata en un recipiente el huevo y la crema con una batidora de mano
6. Agregue esta crema a la mezcla anterior, agregue el café y revuelva lentamente. Bata todo con la batidora de mano.
7. Cocine por 20 minutos.

Picadillo De Garbanzos

Ingredientes:

- 1 cucharada de perejil picado
- 1 zanahoria cortada en cuadraditos
- 1 rama de apio cortada en cuadraditos
- ½ cebolla picada
- 1 diente de ajo picado
- ½ taza de caldo de verduras
- 2 huevos
- 425 gramos de garbanzos escurridos, enjuagados y secados
- 3 cucharadas de aceite de oliva
- ½ cucharadita de sal

- 2 cucharaditas de pimentón

- Pimienta a gusto

Direcciones:

1. Calentar 2 cucharadas de aceite de oliva en una sartén a fuego moderado. Agregue los garbanzos y la sal. Cocine por 10 minutos y revuelva constantemente.
2. Retire los garbanzos de la sartén y colóquelos en un recipiente con el pimentón y el perejil. Revuelva
3. En la misma sartén coloque 1 cucharada de aceite de oliva agregue la zanahoria, el apio, la cebolla y el ajo y sofría por 5 minutos.
4. Incorpore a esta sartén los garbanzos y mezcle bien. Agregue el caldo de verduras, revuelva ocasionalmente y cocine hasta que el caldo se evapore.
5. En una sartén prepare los huevos fritos con aceite de oliva.

6. Sirva los garbanzos con los huevos encima.

Ñoquis Al Pesto

Ingredientes:

- 50 g de pecorino rallado
- 1 diente de ajo
- 50 g de piñones
- 150ml de aceite de oliva virgen extra
- 500 g de albóndigas de patata
- 100 g de hojas de albahaca fresca
- 50 g de parmesano rallado
- Sal al gusto.

Direcciones:

1. En una sartén, tuesta los piñones durante unos minutos a fuego medioalto, hasta que se doren.

2. En un mortero triturar las hojas de albahaca junto con el diente de ajo y los piñones tostados.
3. Agregue el parmesano rallado y el pecorino y continúe batiendo hasta que la mezcla esté suave.
4. Añadir poco a poco el aceite de oliva virgen extra, sin dejar de mezclar con el mazo, hasta obtener un pesto cremoso y homogéneo.
5. Cuece los ñoquis en abundante agua hirviendo con sal, siguiendo las Direcciones: del envase.
6. Escurrir y sazonar con el pesto de albahaca, revolviendo suavemente. Sirva los ñoquis bien calientes, adornando con unas hojas de albahaca fresca.

Raviolis De Tomate

Ingredientes:

- 1/2 cebolla
- 1/2 vaso de vino blanco seco
- 2 cucharadas de aceite de oliva virgen extra
- Albahaca fresca al gusto
- 500 g de raviolis frescos rellenos de ricotta y espinacas
- 400 g de tomates pelados
- 1 diente de ajo
- Sal y pimienta para probar

Direcciones:

1. Picar finamente la cebolla y el ajo. En una sartén antiadherente, calienta el aceite de

oliva virgen extra y sofríe la cebolla y el ajo durante 23 minutos a fuego medio.
2. Agregue los tomates pelados y el vino blanco, sazone con sal y pimienta y cocine por 1015 minutos a fuego mediobajo hasta que la salsa espese.
3. Cuece los raviolis frescos en abundante agua hirviendo con sal, siguiendo las Direcciones: del envase.
4. Escurre los ravioles al dente y agregalos a la sartén con la salsa de tomate, revolviendo suavemente. Adorne con unas hojas de albahaca fresca y sirva bien caliente.

Espaguetis A Con Crema De Alcachofas

Ingredientes:

- 2 dientes de ajo
- 4 cucharadas de aceite de oliva virgen extra
- 250 ml de caldo de verduras
- Sal y pimienta para probar
- 400 gramos de espaguetis
- 500 g de alcachofas
- 1 limón
- Queso rallado al gusto.

Direcciones:

1. Limpiar las alcachofas quitando las hojas exteriores y las puntas.

2. Córtalas finamente y póngase en agua acidulada con el jugo de un limón.
3. En una sartén antiadherente, dorar los dientes de ajo en aceite de oliva virgen extra.
4. Agregue las rodajas de alcachofa escurridas y cocine durante unos 510 minutos.
5. Agregue el caldo de verduras y cocine por otros 10 minutos. Licúa los Ingredientes: con una batidora de inmersión hasta obtener una mezcla suave y cremosa.
6. Cuece los espaguetis en agua hirviendo con sal.
7. Escurrelas al dente y resuélvelas en la sartén con la crema de alcachofas. Sirve los espaguetis bien calientes con una pizca de pimienta y queso rallado.

Chili De Maíz Con Carne

Ingredientes:

- ¼ de taza de maíz enlatado.
- 1 cucharada de aceite.
- 10 onzas de carne molida magra.
- 2 cebollas pequeñas, picadas (finamente).
- 2 chiles pequeños, cortados en dados.

Direcciones:

1. Coge tu olla instantánea y colócala sobre una superficie de cocina seca; abre su tapa superior y enciéndela.
2. Pulse "Sauté".
3. En su olla, añadir y calentar el aceite.
4. Agregue la cebolla, el chile y la carne de res; cocine de 2 a 3 minutos hasta que se vuelvan transparentes y se ablanden.

5. Añadir las 3 tazas de agua a la olla; mezclar bien.
6. Cierra su tapa superior y asegúrate de que su válvula está cerrada para evitar derrames.
7. Pulse "Carne/Guisado". Ajuste el temporizador a 20 minutos.
8. La presión se acumulará lentamente; deje que los Ingredientes:añadidos se cocinen hasta que el temporizador indique cero.
9. Pulse "Cancelar". Ahora pulse "NPR" para liberar la presión de forma natural. La olla instantánea liberará gradualmente la presión durante unos 810 minutos.
10. Abrir la tapa superior; pasar la receta cocinada a los platos de servicio.
11. Servir la receta caliente.

Plato De Ternera Al Balsámico

Ingredientes:

- ½ cucharadita de pimienta.

- ½ cucharadita de romero.

- 1 cucharada de mantequilla.

- ½ cucharadita de tomillo.

- ¼ de taza de vinagre balsámico.

- 3 libras de asado de ternera.

- 3 dientes de ajo, cortados en rodajas finas.

- 1 cucharada de aceite.

- 1 cucharadita de vinagre aromatizado.

- 1 taza de caldo de carne.

Direcciones:

1. Cortar hendiduras en el asado y rellenar con rodajas de ajo toda la superficie.
2. Coge un bol y añade vinagre aromatizado, romero, pimienta, tomillo y frota la mezcla sobre el asado.
3. Poner la olla en modo salteado y añadir aceite, dejar que el aceite se caliente.
4. Añade el asado y dóralo por ambos lados (5 minutos por cada lado).
5. Saque el asado y manténgalo a un lado.
6. Añadir la mantequilla, el caldo, el vinagre balsámico y desglasar la olla.
7. Vuelva a transferir el asado y cierre la tapa, cocine a presión ALTA durante 40 minutos.
8. Realiza una liberación rápida. Retire la tapa y sirva.

Asado De Ternera Con Salsa De Soja

Ingredientes:

- 1 ½ cucharadita de romero.

- ½ cucharadita de ajo picado.

- 2 libras de carne asada.

- ½ cucharadita de caldo de carne.

- 1/3 de taza de salsa de soja.

Direcciones:

1. Mezcle la salsa de soja, el caldo, el romero y el ajo en un bol.
2. Coloque su olla instantánea sobre una plataforma de cocina seca. Abra la tapa superior y enchúfela.
3. Añada el asado, la mezcla del bol y el agua suficiente para cubrir el asado; remueva suavemente para mezclar bien.

4. Cierre correctamente la tapa superior; asegúrese de que la válvula de seguridad esté bien cerrada.
5. Pulse la función de cocción "Carne/Guisado"; ajuste el nivel de presión a "Alto" y el tiempo de cocción a 35 minutos.
6. Deje que la presión aumente para cocinar los ingredientes.
7. Una vez finalizado el tiempo de cocción, pulse el ajuste "Cancelar". Busque y pulse la función de cocción "NPR". Este ajuste es para la liberación natural de la presión interior, y tarda unos 10 minutos en liberar lentamente la presión.
8. Abrir lentamente la tapa, sacar la carne cocida y desmenuzarla.
9. Volver a añadir la carne desmenuzada a la mezcla de la olla y remover para que se mezcle bien.

10. Sacar la receta cocida en recipientes para servir. Servir caliente.

Desayuno Sabroso Con Una Ensalada

Ingredientes:

- La mitad de un pepino sin semillas, picado aproximadamente

- 1 c. De quinua cocida y enfriada

- 1 c. De almendras, picadas (opcional: tostar las almendras para aumentar el sabor)

- 1 aguacate grande, en rodajas

- ½ c. De hierbas verdes mixtas (ejemplos: menta, eneldo o albahaca)

- 1 limón

- Sal y pimienta

- 4 huevos grandes

- 2 c. De tomates cherry, cortados por la mitad; o reliquia picada o tomates roma

- 10 c. De rúcula enjuagada y secada

- 2 cucharadas de aceite de oliva extra virgen, para rociar.

Direcciones:

1. Hervir suavemente los huevos. Caliente una olla con agua fría hasta que hierva, luego baje el fuego hasta que el líquido hierva a fuego lento (burbujeando suavemente, o justo por debajo de la ebullición). Luego, coloque suavemente los huevos en el agua con una cuchara grande, y déjelos en el agua a fuego lento durante 6 minutos.
2. Retírelos rápidamente de la olla y póngalos en agua fría inmediatamente. Ponga los huevos a un lado; Pelelas cuando esté listo para usarlas.

3. Coloque los siguientes Ingredientes:en un tazón grande: tomates picados, pepino picado, quinua cocida fría y rúcula.
4. Mezcle para combinar, luego rocíe alrededor de la mitad del aceite sobre él. Sazone con la pimienta molida y la sal, luego mezcle de nuevo.
5. Divida la mezcla del cuenco entre cuatro platos. A continuación, pele los huevos y cortelos por la mitad.
6. Poco después, cubra cada ensalada con un huevo a la mitad y ¼ de aguacate en rodajas.
7. Espolvoree las hierbas mixtas y las almendras uniformemente sobre las cuatro ensaladas.
8. Cubra cada ensalada con un poco de jugo de limón, espolvoree un poco más de sal y pimienta (al gusto) y rocíe con el resto del aceite de oliva.¡Comparta y Disfrute!

Ricotta De Almendras Con Miel Y Melocotones En Un Muffin Inglés

Ingredientes:

- ¼ de cucharadita de extracto de almendra
- ½ c. De almendras laminadas
- 2 duraznos medianos maduros, picados y cortados.
- Cáscara de naranja (opcional)
- 4 muffins ingleses de grano entero
- 1 c. De ricotta de leche entera
- 5 cucharaditas de miel

Direcciones:

1. Separar las mitades de los muffins ingleses y tostarlos.

2. Mientras que las magdalenas están tostadas, combine los siguientes artículos en un tazón pequeño: queso ricota, 1 cucharadita. de la miel, almendras (póngalos a un lado para rociar sobre las tapas, si lo desea), extracto de almendra y ralladura de naranja (almendras). Revuelva todo junto suavemente.
3. Extienda aproximadamente 1/8 de la mezcla sobre cada mitad del panecillo.
4. Cubra con las rodajas de durazno, las almendras adicionales que reserva, y aproximadamente ½ cucharadita. de miel por panecillo medio. ¡Comparta y Disfrute!

Muffins De Huevo Para El Desayuno

Ingredientes:

- Aceitunas Kalamata sin hueso 6 a 10, picadas

- Pollo o pavo cocido 3 a 4 oz. deshuesado, desmenuzado

- Perejil fresco picado ½ taza

- Seta desmenuzada al gusto

- Huevos 8

- Sal y pimienta al gusto

- Páprika española ½ tsp.

- Aceite de oliva extra virgen para cepillar

- Pimiento rojo 1, picado

- Tomates cherry 12, cortados por la mitad

- Chalote 1, finamente picado

- Cúrcuma molida ¼ tsp.

Direcciones:

1. Coloque una rejilla en el centro y precaliente el horno a 350F.
2. Engrase una fuente para magdalenas de 12 tazas con aceite de oliva.
3. Mezcle la seta desmenuzada, el perejil, el pollo, las aceitunas, los chalotes, los tomates y los pimientos en un tazón. Agregue la mezcla uniformemente a 12 tazas.
4. Bata los huevos, las especias, la sal y la pimienta en un tazón.
5. Vierta la mezcla de huevo uniformemente sobre cada taza. Cada taza debe estar aproximadamente llena en ¾
6. Coloque el molde de magdalenas en una bandeja.

7. Hornee en el horno hasta que los panecillos de huevo estén listos, aproximadamente 25 minutos.
8. Deje enfriar y sirva.

Tostadas De Desayuno Al Estilo Mediterráneo

Ingredientes:

- Mezcla de especias mediterráneas al gusto

- Espinaca 1 puñado

- Pepino 1, en rodajas

- Tomates Roma 1 a 2, rebanados

- Aceitunas picadas 2 cdas.

- Pan integral a elección 4 rebanadas gruesas

- Hummus casero ½ taza

- Queso en rebanadas desmenuzado al gusto

Direcciones:

1. Tostar rebanadas de pan.
2. Unte hummus en cada rebanada de pan.
3. Acomodar con los otros Ingredientes:y servir.

Copos De Avena Con Plátano Y Nueces

Ingredientes:

- 1/4 taza llena de avena de cocción rápida
- 45 ml de miel
- 30 ml de nueces picadas
- Plátano pelado
- 4 onzas de leche desnatada
- 5 ml de linaza

Direcciones:

1. En un recipiente apto para microondas, mezclar la leche, el arroz, el azúcar, las nueces, el plátano y las semillas de lino.
2. Cuécelo bien durante 3 minutos en el horno y, a continuación, machaca el plátano con un tenedor e incorpóralo a la mezcla.

3. Sírvelo y disfrútalo.

Feta Desmenuzado Y Chalotas

Ingredientes:

- 8 huevos grandes

- 2/3 tazas de leche

- 2,5 ml de condimento italiano seco

- Salas sujetas a disponibilidad

- Pimienta negra recién molida, si es necesario

- 30 ml de mantequilla sin sal (sustitúyala por aceite de canola para obtener el máximo efecto)

- ½ taza llena de chalotas cortadas en trozos

- 8 gramos de queso feta desmenuzado

- Aceite de cocina en spray

Direcciones:

1. Precaliente el horno a 400 grados Fahrenheit. Tome un molde para magdalenas de 34 onzas y engráselo uniformemente con aceite de cocina.
2. Coge una sartén antiadherente y caliéntala a fuego medio.
3. Poner la mantequilla y dejar que se derrita. Añada la mitad de las chalotas y remuévalas para freírlas. Resérvelas. En un bol o plato mediano, ponga los huevos, el condimento italiano y la leche y bátalos bien.
4. Añadir las chalotas bien fritas y el queso feta y mezclarlo todo. Sazonar con pimienta y sal. Vierta la mezcla en el molde para magdalenas.
5. Meter el molde en el horno y hornear durante 15 minutos. Servir con una pizca de chalotas.

Sándwich Pita De Vegetales Y Salsa De Pepino Con Yogur Griego

Ingredientes:

- 1/2 diente de ajo, picado
- Sal y pimienta al gusto
- 1 pieza de pita de 6 1/2 pulgadas, trigo integral
- 5 Tomates uva, cortados a la mitad
- 1 taza de ejotes
- Media taza de yogur, luz natural
- 1/2 pepino, finamente picado
- 1 taza de cerezas frescas (alrededor de 23 piezas), para servir

Direcciones:

1. Mezcle los 3 primeros Ingredientes:hasta combinar, sazonar con sal y pimienta, si lo

desea. Unte 1/2 de la salsa en el pan de pita. Llenar el pan con las judías y tomates.

2. Servir con las cerezas.

Ensalada Y Pizza

Ingredientes:

- 1 rebanada de pizza de queso, de gran tamaño, de corteza delgada, con Ingredientes:vegetales: pimientos, cebolla y champiñones

- 2 tazas o más de ensalada verde

- 2 cucharadas de aderezo regular

Para el postre:

- 1 cucharada de helado en un cono simple

Direcciones:

1. Servir la pizza con ensalada verde rociada con el aderezo de su elección.
2. Seguir con el helado.

Falafel Al Horno

Ingredientes:

- Cilantro: ¼ de cucharadita
- Sal: a gusto
- Bicarbonato de sodio: ¼ de cucharadita
- Harina para todo uso: 1 cucharada
- Huevos: 1
- Cebolla: ¼ taza
- Frijoles: 15 onzas
- Perejil: ¼ taza
- Ajo: 3 dientes
- Comino: 1 cucharadita
- Aceite de oliva: 2 cucharadas

Direcciones:

1. Tome ¼ de taza de cebolla y envuélvalas en un paño de queso.
2. Presione suavemente el paño para exprimir toda la humedad de ella y mantener la cebolla a un lado.
3. Tome 15 onzas de frijoles y enjuagarlos perfectamente.
4. Agregue los frijoles escurridos en el procesador de alimentos.
5. Agregue perejil, comino, sal, ajo, cilantro, así como bicarbonato de sodio y agregarlos en el procesador de alimentos.
6. Tome 1 huevo y batirlo tanto como sea posible.
7. Mezcle la harina en el huevo.
8. Divida la mezcla de la harina y los huevos en cuatro empanadas y mantenerlos al margen por 15 minutos.
9. Precaliente el horno a 200 grados centígrados.

10. Tome una sartén (horno guardar) y aceite de oliva de calor.
11. Cocinar las hamburguesas en una sartén durante 3 minutos o hasta marrón de oro de turno.
12. Tome la sartén de la estufa y colóquelo en el horno precalentado.
13. Hornee bien 10 minutos hasta que esté caliente bien a través de.

Frotada El Salmón Al Curry

Ingredientes:

- Arroz integral: 1 taza

- Sal: según el gusto

- Pimienta: según el gusto

- Repollo de Napa: ½ taza

- Libra de zanahoria: 1

- Menta hojas: hasta ½

- Limón: ¼ taza

- Aceite: 2 cucharadas

- Filetes de salmón •: 4

- Curry en polvo: 2 cucharadas

Direcciones:

1. Tome una cacerola y colóquela a fuego medio alto.
2. Agregar 2 tazas de agua y déjela hervir.
3. Una vez que las burbujas comienzan a aparecer, añadir el arroz.
4. Arroz de temporada con sal según deseo.
5. Arroz remover con una cuchara de madera para asegurarse de que no se peguen a la base.
6. Cubra la cacerola y deje arroz cocinar hasta que estén tiernas.

Tortilla De Calabacín

Ingredientes:

- 1 taza de queso Cheddar rallado
- ¼ taza de calabacín picado
- ¼ taza de pimiento rojo picado
- 6 huevos
- ½ taza de leche
- Sal y pimienta a gusto
- 2 cucharadas de cebolla picada

Direcciones:

1. Precaliente el horno a 375F (190C).
2. Batir los huevos , la leche y agregar sal y pimienta a gusto. Agregar el queso , el calabacín, y la cebolla y mezclar bien.

3. Coloque en una fuente para horno y cocine por 20 o 25 minutos. Puede utilizar una fuente de molletes y hacer 6.

Sopa De Vegetales Tuniciana

Ingredientes:

- 1 apio picado
- 3 dientes de ajo picado
- 1 taza ½ de caldo de gallina
- ½ taza de puré de tomate
- 2 tazas de pasta (cabellos de ángel)
- 2 tazas de frijoles
- 1 tazas de garbanzos
- 3 cuartos de agua
- 2 cucharadas de aceite de oliva
- 1 cebolla picada
- Sal y pimienta a gusto

Direcciones:

1. Remojar los frijoles y los garbanzos en agua durante toda la noche (si quiere puede utilizar garbanzos en lata)
2. El día siguiente cocinar los frijoles en agua durante unos 45 minutos
3. En una sartén a fuego moderado colocar el aceite de oliva y cuando esté caliente agregar la cebolla, el apio y los dientes de ajo.
4. Una vez que las cebollas se vuelvan transparentes agregar el caldo y el puré de tomate y un poco del agua de los frijoles.
5. Revolver los ingredientes, agregar los frijoles y los garbanzos. Revolver
6. Agregar la pasta y cocinar por unos 10 minutos más hasta que la pasta este cocida

Espaguetis Con Aceitunas Y Espinacas

Ingredientes:

- 1 diente de ajo, picado
- 200 g de espinacas frescas
- 50 g de aceitunas negras sin hueso
- 1 pimiento rojo seco
- 400 gramos de espaguetis
- 2 cucharadas de aceite de oliva
- Sal al gusto.

Direcciones:

1. Comience hirviendo los espaguetis en abundante agua con sal, siguiendo las Direcciones: del paquete.
2. Escúchalos al dente y déjelos a un lado. En una sartén grande, caliente el aceite de oliva a

fuego medio y agregue el ajo picado. Rehogar un minuto, sin dejar que se queme.
3. Agregue las espinacas frescas y las aceitunas sin hueso y cocine por unos minutos hasta que las espinacas se ablanden. Agregue pimiento rojo seco (si lo desea) y mezcle todo bien.
4. Agregue los espaguetis a la sartén con las espinacas y las aceitunas y mezcle todo bien para mezclar los sabores.
5. Sirva los espaguetis con aceitunas y espinacas bien calientes y, si lo desea, adorne con unas hojas de perejil fresco.

Arroz Venus Con Verduras

Ingredientes:

- 2 calabacines
- 200 g de guisantes frescos o congelados
- 1 pimiento rojo
- 1 pimiento amarillo
- Aceite de oliva virgen extra al gusto
- Sal y pimienta para probar
- 300 g de arroz venere
- 1 cebolla
- 2 zanahorias
- Caldo de verduras al gusto.

Direcciones:

1. Picar finamente la cebolla y saltearla en una cacerola con un chorrito de aceite hasta que se ponga transparente.
2. Añadir las zanahorias peladas y cortadas en dados, los calabacines cortados en rodajas, los guisantes y los pimientos cortados en dados. Mezclar bien y cocinar durante unos 5 minutos.
3. Añadir el arroz Venere y tostarlo durante un par de minutos, mezclando bien.
4. Añadir poco a poco el caldo de verduras caliente, removiendo constantemente y cuidando que el arroz no se pegue al fondo de la cacerola.
5. Continúe agregando el caldo hasta que el arroz esté cocido (alrededor de 4045 minutos).
6. Una vez cocido el arroz, apaga el fuego, sazona con sal y pimienta y deja reposar unos minutos antes de servir.

Asado De Ternera Al Romero

Ingredientes:

- 1 ramita de romero fresco.
- 1 ramita de tomillo fresco.
- 1 taza de agua.
- 1 cucharada de aceite vegetal.
- 3 libras de asado de ternera.
- 3 dientes de ajo.
- ¼ de taza de vinagre balsámico.
- Sal y pimienta al gusto.

Direcciones:

1. Cortar rodajas en el asado de ternera y colocar en ellas los dientes de ajo.

2. Cubrir el asado con las hierbas, la pimienta negra y la sal.
3. Precalienta tu olla instantánea usando la opción de saltear y añade el aceite.
4. Cuando esté caliente, añada el asado de ternera y cocínelo hasta que se dore por todos los lados.
5. Añadir el resto de los ingredientes; remover suavemente.
6. Cierre la tapa y cocine a alta presión durante 40 minutos con el ajuste manual.
7. Dejar que la presión se libere de forma natural, unos 10 minutos.
8. Destape la olla instantánea; transfiera el asado de ternera a los platos de servir, corte en rodajas y sirva.

Chuletas De Cerdo Con Salsa De Tomate

Ingredientes:

- ¼ cucharadita de aceite de sésamo.

- 1 y ½ taza de pasta de tomate.

- 1 cebolla amarilla.

- 4 chuletas de cerdo, sin hueso.

- 1 cucharada de salsa de soja.

- 8 champiñones, cortados en rodajas.

Direcciones:

1. En un bol, mezclar las chuletas de cerdo con la salsa de soja y el aceite de sésamo, mezclar y dejar reposar durante 10 minutos.
2. Pon tu olla instantánea en modo saltear, añade las chuletas de cerdo y dóralas durante 5 minutos por cada lado.

3. Añadir la cebolla, remover y cocinar durante 12 minutos más.
4. Añada la pasta de tomate y los champiñones, mezcle, tape y cocine a fuego alto durante 89 minutos.
5. Repartir todo entre los platos y servir.
6. Que lo disfrutes.

Aguacate, Salmón Ahumado Y Huevos Escalfados En Pan Tostado

Ingredientes:

- Jugo de limón, solo unas gotas.

- 2 huevos grandes

- ¼ c. de Rúcula

- 3 onzas de salmón ahumado

- 2 rebanadas de pan integral, tostadas.

- ¼ de aguacate grande

- Sal y pimienta, si se desea

Direcciones:

1. Dentro de un tazón pequeño, mezcle ¼ de aguacate a fondo. Agregue el jugo de limón, una pizca de sal, revuelva y ponga este plato a un lado.

2. Rompa los huevos, uno a la vez. Vea las Direcciones: a continuación si nunca ha cocido un huevo.
3. Divida el puré de aguacate por la mitad y extiéndalo sobre las dos rebanadas de pan. Adorne el puré de aguacate con las hojas de rúcula, luego agregue la mitad del salmón ahumado a cada rebanada.
4. Coloque suavemente un huevo escalfado sobre cada rebanada, luego espolvoree con sal y pimienta a su gusto.
5. A pesar de que esta comida se sirve en pan tostado, ¡necesitará un tenedor y un cuchillo para comerla!

Para la caza furtiva de huevos:

1. Siempre hervir los huevos uno a la vez.
2. Caliente una olla pequeña de agua hasta que hierva a fuego lento (burbujeando suavemente o casi hirviendo).

3. Rompa los huevos limpiamente en tazones pequeños individuales.
4. Use una cuchara grande para revolver el agua a fuego lento hasta que se mueva suavemente en un círculo, como un remolino.
5. Suavemente incline un huevo en el agua en remolino y déjelo allí por dos minutos.
6. Retire el huevo suavemente con una cuchara ranurada y póngalo en agua con hielo durante unos 10 segundos para detener el proceso de cocción (esto mantendrá la yema).
7. Use una toalla de papel para secar el huevo y use el borde de una cuchara para cortar las claras de alrededor del huevo.

Pancakes De Yogur Griego Con Moras Y Bayas

Ingredientes:

- ¼ cucharadita de sal

- 3 c. De Yogur Griego sin grasa, dividido por la mitad

- Aceite de oliva extra virgen 3 T.

- ½ c. De leche descremada

- 1 ¼ c. de harina (preferiblemente de trigo integral)

- 2 cucharaditas de Levadura en polvo

- 1 cucharadita de bicarbonato de sodio

- ¼ c. de azúcar

- 1 ½ c. De Arándanos u otras bayas de su elección

Direcciones:

1. Dentro de un tazón para mezclar, agregue todos los siguientes ingredientes: harina, sal, polvo para hornear y soda. Combínelos todos juntos con un batidor.
2. Dentro de un tazón diferente, agregue el aceite, el azúcar, 1 ½ c. Del yogur, y la leche. Use un batidor para mezclarlos hasta que quede suave vigorosamente.
3. Combinar suavemente las dos mezclas (de la etapa 1 y la etapa 2) juntos. Use una cuchara para formar una masa suave. Para una opción, revuelva suavemente en las bayas. De lo contrario, dejarlos fuera y utilizarlos para un topping al servir.
4. Caliente una sartén o una plancha para panqueques. Realice la prueba rociando agua sobre la superficie caliente: si las gotas de agua chisporrotean en la superficie, está lista.

Rocíe la superficie caliente con aceite en aerosol antiadherente.
5. Vierta la masa, ¼ c. A la vez, sobre la superficie de cocción. Cuando las burbujas en la superficie húmeda se abren y dejan orificios pequeños, revise los bordes inferiores para ver si están dorados, luego gire el panqueque (use una espátula ancha).
6. Coloque los panqueques en un plato en un horno caliente hasta que esté listo para servir.
7. Servir con el resto del yogur griego y las bayas (a menos que las incorpore en la masa). ¡Es Delicioso!

Pan De Banana Y Nueces

Ingredientes:

- Bicarbonato de sodio 1 cdta.

- Extracto de vainilla 1 cdta.

- Cardamomo molido ½ tsp.

- Canela molida ½ tsp.

- Nuez moscada molida ½ tsp.

- Harina para todo uso 1 1/3 taza

- Dátiles deshuesados y picados ½ taza

- Aceite de oliva extra virgen 1/3 taza

- Miel ½ taza

- Huevos 2

- Plátanos maduros 2, machacados

- Yogur natural sin grasa 2 cdas.

- Leche sin grasa ¼ de taza

- 1/3 de taza de corazones de nuez picada

Direcciones:

1. Precaliente el horno a 325F.
2. Batir la miel y el aceite de oliva en un bol.
3. Agregue los huevos y bata de nuevo para combinar.
4. Agregue la nuez moscada, la canela, el cardamomo, el extracto de vainilla, el bicarbonato de soda, la leche, el yogur y las bananas. Bata para mezclar.
5. Añada la harina, las nueces y los dátiles. Combine bien.
6. Engrase un molde de pan (5 3/4" x 3") y vierta la masa en el molde de pan.
7. Hornee por 55 minutos a 325F.
8. Retirar del horno y enfriar.

9. Cortar y servir.

Cazuela De Huevo

Ingredientes:

- Leche 1 ½ taza

- Huevos 6

- Polvo de hornear ½ tsp.

- Nuez moscada molida ¼ tsp.

- Pimentón picante 1 cdta.

- Sal y pimienta al gusto

- Alcachofas picadas 10 oz.

- Tomate grande 1, picado

- Chalote grande 1, picado

- 1 taza de hojas de perejil fresco picado

- Hojas de menta fresca 1 taza, picadas

- Queso en rebanadas desmenuzado 1 ¼ taza

- Queso parmesano molido ½ taza

- Tostadas frescas 6 rebanadas, cortadas en pedazos de ½ pulgada

Direcciones:

1. Precaliente el horno a 375F.
2. Coloque los panes cortados en un tazón.
3. En otro tazón, bata la leche, la sal, la pimienta, el pimentón, la nuez moscada, el polvo de hornear y los huevos.
4. Vierta la mezcla de leche en el tazón de pan.
5. Mezcle las verduras, el queso y las hierbas.
6. Mezcle bien y páselo a una bandeja para hornear.
7. Hornee a 375°F hasta que esté bien cocido, aproximadamente 35 minutos.

Desayuno Mediterráneo Hash

Ingredientes:

- Pimienta inglesa molida 1 ½ tsp.

- 1 cdta. de mezcla de especias mediterráneas

- 1 cdta. de orégano seco

- Pimentón dulce 1 cdta.

- Cilantro 1 cdta.

- Una pizca de azúcar

- Huevos 4

- Agua

- Aceite de oliva extra virgen 1 ½ cda.

- Cebolla amarilla pequeña 1, picada

- Ajo 2 dientes, picados

- Patatas Russet 2, cortadas en dados

- Sal y pimienta al gusto

- Garbanzos en lata 1 taza, escurridos y enjuagados

- Espárragos infantiles 1 lb. picados en trozos de ¼ pulgadas

- Vinagre blanco 1 cdta.

- Cebolla roja pequeña 1, finamente picada

- Tomates Roma 2, picados

- Feta desmenuzado ½ taza

- Perejil fresco picado 1 taza

Direcciones:

1. Caliente el aceite de oliva en una sartén.
2. Agregue las papas, el ajo y la cebolla. Sazone con sal y pimienta.

3. Saltee hasta que las papas estén tiernas, de 5 a 7 minutos.
4. Agregue los espárragos, garbanzos, especias y más sal y pimienta.
5. Saltear durante 5 a 7 minutos más.
6. Agregue 1 cucharadita de vinagre a una olla con agua y cocine a fuego lento.
7. Rompa los huevos en un recipiente y deslícelos con cuidado.
8. Cocine por 3 minutos, luego retire y escurra. Sazone con sal y pimienta.
9. Retire la sartén del fuego.
10. Agregue los tomates, las cebollas rojas, el feta y el perejil.
11. Cubra con los huevos escalfados y sirva.

Gnocchi Jamón Aceitunas

Ingredientes:

- 8 onzas de jamón de pavo picado grueso

- ½ taza entera de aceitunas sin hueso cortadas en rodajas

- 5 ml de condimento italiano

- Salas sujetas a disponibilidad

- Un puñado de hojas de albahaca fresca

- 30 ml de aceite de oliva

- 1 cebolla mediana cortada en trozos

- 3 dientes de ajo picados

- 1 pimiento rojo mediano sin semillas y picado fino

- 8 onzas de puré de tomate

- 30 ml de pasta de tomate

- 1 100 ñoquis

Direcciones:

1. Coge una sartén mediana y caliéntala a fuego medioalto. Vierte un poco de aceite de oliva y caliéntalo. Echa el pimiento, la cebolla y el ajo y sofríelos durante 2 minutos.
2. Vierta el puré de tomate, los ñoquis, la pasta de tomate y añada el jamón de pavo, el condimento italiano y las aceitunas.
3. Cocer todo a fuego lento durante 15 minutos, teniendo cuidado de remover bien de vez en cuando.
4. Sazonar la mezcla con un poco de pimienta y sal. Cuando termine, pase la mezcla a un plato y adorne con unas hojas de albahaca. Servir caliente y disfrutar.

Huevos Y Verduras Para Desayunar

Ingredientes:

- 4 hectolitros de cohete
- 2 dientes de ajo picados
- 4 huevos machacados
- 4 onzas de queso Cheddar en lonchas
- 15 ml de aceite de oliva
- 16 onzas de remolacha picada y cocida al vapor
- 8 g de espinacas frescas
- Al gusto: sal o pimienta negra

Direcciones:

1. En una sartén, calentar el aceite a fuego medioalto. Sofreír las espinacas, las acelgas y

la rúcula durante unos 3 minutos, hasta que estén tiernas.

2. Añade el ajo; cocina bien y remueve durante unos 2 minutos, hasta que desprenda aroma.
3. En un bol lleno, mezcla los huevos y el queso; vierte la mezcla de remolacha. Tapa y cuece durante 57 minutos.
4. minutos hasta que se estabilice. Sazonar con pimienta y sal.

Gachas De Cebada

Ingredientes:

- ½ taza llena de arándanos
- ½ taza entera de granos de granada
- ½ taza llena de avellanas, tostadas y picadas
- ¼ taza de miel
- 8 onzas de cebada
- 8 onzas de granos de trigo
- 16 onzas de leche de almendras sin azúcar
- 16 onzas de agua

Direcciones:

1. Coge una cacerola mediana y caliéntala a fuego medioalto.

2. Añade la cebada, la leche de almendras, las bayas de trigo y el agua y llévalo a ebullición. Reduce el fuego y cuece a fuego lento durante 25 minutos.
3. Repartir en cuencos o platos de servir y cubrir cada porción con 30 ml de arándanos, 30 ml de granos de granada, 30 ml de avellanas y 15 ml de miel. Servir y disfrutar.

Ensalada De Maíz, Frijol Negro Y Salsa De Tomate

Ingredientes:

- 1/2 cucharadita de albahaca seca
- Batido de pimienta negra molida
- 2 cucharadas de vinagre balsámico
- 1 cucharadita de aceite de oliva
- 3/4 taza de frijoles negros en conserva
- 1 tomate rojo, cortado en dados
- 1 mazorca de maíz cocida

Para servir:

- 2 tazas de lechuga

- Un tercio de taza de queso mozzarella reducido en grasa al 33%, rallado

- 1 media taza de frambuesas

Direcciones:

1. Poner los frijoles en un colador y enjuagar bajo agua corriente para eliminar el sodio sobrante.
2. Combine los frijoles negros con el resto de los Ingredientes:hasta que estén bien mezclados, raspando los granos de maíz de ellos en la mezcla.
3. Cubra la salsa sobre una cama de lechuga romana y luego cubra con el queso rallado.
4. Servir la ensalada con las frambuesas.

Hamburguesa Vegetariana Y Patatas Frescas

Ingredientes:

- 2 cucharadas de salsa de tomate, opcional
- 2 cucharaditas de mostaza picante, opcional
- 1 hamburguesa con verduras de su elección
- 4 patatas frescas de tamaño pequeño a la parrilla (de la Cena del Día 1)
- Un cuarto de taza de queso rallado

Para servir:

- 2 tazas de hojas de espinaca bebé
- Un cuarto de taza de cebolla, picada
- 1/2 pimiento cortado

Direcciones:

1. Calentar las patatas y la hamburguesa vegetariana a la brasa.
2. Cubra la hamburguesa vegetariana con el queso y las tostadas en una tostadora a 250°F durante aproximadamente 2 minutos o hasta que el queso se derrita.
3. Si lo desea, cubra la hamburguesa con salsa de tomate y mostaza.
4. Sirva la hamburguesa vegetariana caliente y las papas con las hojas de espinaca cubiertas con el pimiento y la cebolla.

Pasta De Pollo Griego

Ingredientes:

- Queso feta: 1 ½ cucharada

- Perejil: 1 ½ cucharadita

- Limón: 1

- Orégano: ¼ de cucharadita

- Sal: A gusto

- Pasta: 16 onzas

- Cebolla roja: 1 ½ cucharada (picada)

- Aceite de oliva: ½ cucharadita

- Pollo deshuesado: 2 ½ onzas

- Ajo: 3 dientes

- Tomate: 1

- Pimienta: A gusto

Direcciones:

Para la pasta:

1. Toma un pequeño recipiente lleno de agua y mantenerla a fuego alto.
2. Espere hasta que el agua comience a hervir.
3. Agregue la pasta al agua caliente hirviendo y revolver para asegurarse de que no se pegue a la base de la olla.
4. Vaciar el agua de la pasta y mantenerla bajo agua fría durante un rato.
5. Agregue 2 cucharaditas de aceite vegetal.

Para el pollo:

6. Tomar una sartén grande y colóquelo sobre fuego mediano en la estufa.
7. Añadir aceite de oliva y dejar calor durante un tiempo.
8. Añadir el ajo y sofreír durante 1 minuto.

9. Agregue la cebolla picada hasta que se vuelve luz dorada.
10. Cortar el pollo en cubitos y agregarla a la sartén.
11. Revuélvelo hasta que el pollo esté cocido es decir, 5 minutos.
12. Cortar el tomate en cubos pequeños y agregarlo al pollo.
13. Revuelva después de frecuentes intervalos hasta que el tomate es tierna y suave.
14. Agregue orégano y jugo de limón y mezclar bien.
15. Agregue queso rallado en la sartén añadir textura lisa.
16. Porción:
17. Agregue la pasta cocida en la base de un plato.
18. Usando una cuchara grande, agregue el pollo de la sartén.
19. Decorar con perejil fresco.

20. La pasta está lista para servir.

Pollo Al Limón

Ingredientes:

- Sal: ¾ de cucharadita

- Pimienta: ½ cucharadita

- Pechuga de pollo: 4

- Rojo patatas: 8 (patatas baby)

- Pimiento rojo: 1

- Aceite de oliva: ¼ taza

- Limón: 2

- Ajo: 4 dientes

- Orégano: 1 cucharada

- Cebolla roja: 1

Direcciones:

1. Precaliente el horno a 200 grados C.
2. Tome un medio tamaño tazón de fuente y lugar de pechuga de pollo en él. Asegúrese de que el plato es caja fuerte del horno.
3. En otro recipiente, agregue aceite de oliva, exprimir el limón, añadir ralladura de un limón, ajo machacado, sal & pimienta según el gusto junto con orégano
4. Suavemente vierte el aderezo sobre la pechuga de pollo uniformemente.
5. Bien cortados pimiento en tiras pequeñas y agregarlos en un tazón.
6. Agregue aproximadamente cebolla rebanada y añadirlo a la taza así.
7. Finamente rebanada de limón y añadirlo a la taza.
8. Jugo de limón espolvorear de recién exprimir limón. Mézclelo bien.
9. Coloque suavemente patatas baby en la pechuga de pollo.

10. Ahora, vierta la mezcla de pimiento rojo sobre las patatas.
11. Hornee el pecho en el horno durante al menos 30 minutos o hasta que el pollo esté bien tierno.

Sopa Minestrones Con Zapallos Y Papas

Ingredientes:

- 4 dientes de ajo
- 2 tazas de setas blancas cortadas en trocitos
- 2 papas peladas y cortadas en cuadraditos
- 1 cuarto de caldo de gallina
- 2 zapallos largos cortados en cuadraditos
- ½ taza de aceite de oliva
- 2 cebollas medianas
- Sal y pimienta a gusto

Direcciones:

1. En una cacerola para sopa colocar el aceite de oliva a fuego moderado.

2. Agregue la cebolla y el ajo y revuelva por unos minutos
3. Añada las setas y suba el fuego. Cocine hasta que las setas eliminen el liquido y el mismo se evapore
4. Agregue las papas, el caldo y sazone con sal y pimienta a gusto. Cocine hasta que las papas estén tiernas.
5. Agregue los zapallitos largos y cocine por unos minutos
6. Sirva

Sopa Pistou

Ingredientes:

- ¼ cucharadita de pimentón

- Sal y pimienta a gusto

- 1 papa cortada en cuadraditos

- ½ taza de pasta de caracoles

- 2 zapallitos largos cortados en cubitos

- 1 taza de tomate cortado

- ½ taza de queso de cabra cortadito en cuadraditos

- 2 tazas ½ de hojas de albahaca

- 3 dientes de ajo

- 1/3 taza de aceite de oliva

- 2 cucharadas de aceite de oliva (extra)

- 2 tazas de cebollas picadas

- 1 litro ½ de agua

Direcciones:

1. Agregar los Ingredientes:en una licuadora, mezclarlos hasta que queden uniformes
2. Sirva
3. Este batido puede ser refrigerado por 2 días

Sopa De Habas A La Menta

Ingredientes:

- 12 chalotes cortados en rodajas

- Jugo de 1 limón

- 4 tazas de caldo de verduras

- Sal y pimienta a gusto

- 1 kilo y ½ de habas

- ½ taza de aceite de oliva

- 2 cucharadas de hojas de menta picadas

Direcciones:

1. Cocine las habas
2. Caliente el aceite de oliva en una cacerola para sopa a fuego moderado. Agregue los chalotes y cocines por 2 minutos.
3. Agregue las habas, el jugo de limón y el cardo de verduras y cocine hasta que hierva. Baje el fuego y condimente con sal y pimienta.
4. Coloque la mitad de la sopa en un procesador y muela. Coloque esta sopa molida en la cacerola con el resto de la sopa y revuelva bien con una cuchara de madera.
5. Agregue las hojas de menta picadas , refrigere por 1 hora para que se desarrolle el sabor de la menta.

Risotto Con Setas

Ingredientes:

- Caldo de verduras al gusto

- Aceite de oliva virgen extra al gusto

- 1 vaso de vino blanco seco

- 50 g de mantequilla

- Parmesano rallado al gusto

- 320 g de arroz Carnaroli o Arborio

- 300 g frescos ou congelados

- Hongos porcini

- 1 cebolla

- 1 diente de ajo

- Sal y pimienta para probar

Direcciones:

1. Limpiar los champiñones y cortarlos en trocitos pequeños. Picar finamente la cebolla y el ajo.
2. En una sartén sofreír la cebolla y el ajo en aceite de oliva virgen extra. Agregue los champiñones y cocine por 5 minutos.
3. Agrega el arroz y tuéstalo por un par de minutos, mezclando bien.
4. Desglasar con el vino blanco y dejar evaporar.
5. Añade poco a poco el caldo de verduras, revolviendo constantemente, y cocina hasta que el arroz esté al dente (unos 1820 minutos).
6. Una vez cocido el risotto, añadir la mantequilla y el queso parmesano rallado y mezclar bien. Sazone con sal y pimienta al gusto y deje reposar unos minutos antes de servir.

Penne Alla Puttanesca

Ingredientes:

- 2 cucharadas de alcaparras saladas, desaladas

- 2 filetes de anchoa en aceite

- 1 diente de ajo

- Aceite de oliva virgen extra al gusto

- Sal y pimienta para probar

- 320 g de penne rigate

- 400 g de tomates pelados

- 50 g de aceitunas negras sin hueso

- Perejil fresco picado al gusto.

Direcciones:

1. Cuece la penne en abundante agua con sal. En una sartén, sofreír los ajos picados con un chorrito de aceite de oliva virgen extra.
2. Agregue los tomates pelados y machuelos con un tenedor.
3. Añadir las aceitunas negras sin hueso, las alcaparras desaladas y los filetes de anchoa en aceite.
4. Mezcla bien y deja que se cocine durante unos 10 minutos. Escurra los penne al dente y transferirlos a la sartén con la salsa de tomate.
5. Mezcle el penne con la salsa durante un par de minutos. Condimentar con sal y pimienta.

Espaguetis Carbonara

Ingredientes:

- 200 g de tocino dolce o guanciale

- 4 huevos

- 100 g de queso parmesano rallado

- 400 gramos de espaguetis

- Sal y pimienta para probar.

Direcciones:

1. En una sartén dorar la panceta dulce o panceta.
2. En un bol, bate los huevos con el queso parmesano rallado, sal y pimienta.
3. Cuece los espaguetis en abundante agua con sal, escrúpulos al dente y pasalos a la sartén con la panceta dulce o guanciale.

4. Retire la sartén del fuego y agregue los huevos batidos. Mezcla bien hasta que los huevos estén cocidos pero cremosos.
5. Servir inmediatamente con una pizca de pimienta.

Patata De Cerdo

Ingredientes:

- 1 batata mediana, picada.

- 1 cucharada de aceite.

- 3 tazas de caldo de carne, bajo en sodio.

- 10 onzas de cuellos de cerdo, quitar la grasa y hacer trozos pequeños.

- 1 cebolla, picada (finamente).

Direcciones:

1. Coge tu olla y colócala sobre una superficie de cocina seca; abre su tapa superior y enciéndela.
2. Pulsar "saltear". Engrasa la olla con un poco de aceite de cocina.

3. Añadir las cebollas; cocinar durante 2 minutos hasta que se vuelvan translúcidas y se ablanden.
4. Añada la carne y cocínela durante 45 minutos para que se dore uniformemente.
5. Mezclar el caldo y las patatas.
6. Cierre su tapa superior y asegúrese de que su válvula está cerrada para evitar derrames.
7. Pulse "Manual". Ajuste el temporizador a 20 minutos.
8. La presión aumentará lentamente; deje que los Ingredientes:añadidos se cocinen hasta que el temporizador indique cero.
9. Pulse "Cancelar". Ahora pulse "NPR" para liberar la presión de forma natural. La olla instantánea liberará gradualmente la presión durante unos 810 minutos.
10. Abrir la tapa superior y transferir la receta cocinada a los platos de servicio.
11. Servir la receta caliente.

Costillas De Cerdo Con Sabor A Café

Ingredientes:

- 1 cucharadita de sal.
- 1 cucharadita de azúcar.
- 1 taza de agua.
- Una ½ taza de humo líquido.
- 1 rack de costillas de bebé.
- 2 cucharaditas de aceite de sésamo.
- 3 cucharadas de salsa de ostras.
- 2 cucharadas de café instantáneo en polvo.

Direcciones:

1. Añade los Ingredientes:indicados a la olla.
2. Cierre la tapa y cocine en modo carne/guiso durante 40 minutos.

3. Libere la presión de forma natural durante 10 minutos.
4. Sirve y disfruta.

Copas De Huevos Cocinados Con Vegetales Y Fetas De Queso

Ingredientes:

- ½ cucharadita de polvo de ajo

- 1/8 de cucharadita. de sal

- ¼ de cucharadita de Pimienta molida

- 1 ½ c. De Champiñones crudos, limpiados y picados.

- 1 ½ taza de pimientos rojos asados, escurridos, enjuagados y secos

- 1 c. De queso feta

- 10 huevos grandes

- aceite en aerosol antiadherente

- 2/3 c. de leche descremada

- Hojas frescas de albahaca, para decorar.

Direcciones:

1. Caliente su horno hasta que alcance los 350 grados (F). Necesitará un molde para muffins con 12 tazas preparado con aceite en aerosol.
2. Rompa todos los huevos en un tazón, luego agregue la leche, el ajo en polvo, la sal y la pimienta negra. Use un batidor para combinarlos todos. Luego agregue los champiñones y los pimientos y revuelva hasta que las verduras se distribuyan uniformemente.
3. Usando un cucharón, distribuya la mezcla uniformemente en las 12 tazas del molde para muffins. Está bien si las tazas están bastante llenas.
4. Coloque el molde para muffins en el horno y déjelo reposar durante 25 minutos, o cuando los huevos se vean completamente listos (no

se mueva ni se agita cuando la sartén se agita ligeramente).

5. Deje que las copas en la lata del muffin se enfríen durante 5 a 10 minutos. Aparecerán para desinflarse un poco. Luego retíralos de la lata.

6. Servir 2 copas por porción .Cubra con queso feta (dividido en 6 porciones) y hojas de albahaca.

Bandeja De Lechuga Con Garbanzo

Ingredientes:

- 2 latas (15 oz.) De garbanzos (sin sal agregada), escurridos y enjuagados

- ½ c. de pimientos rojos asados en rodajas y cortados, escurridos

- ½ c. Chalotes o cebollas verdes en rodajas finas

- 12 hojas grandes de lechuga: se recomienda Bibb, mantequilla o Romaine, pero cualquier tipo que haga una buena envoltura servirá

- ¼ c. De almendras tostadas picadas

- 2 cucharadas. perejil, fresco y picado

- ¼ c. De tahini (una pasta hecha de semillas de sésamo molidas; refrigerar después de abrir)

- ¼ c. de aceite de oliva extra virgen

- 1 cucharadita de cáscara de limón

- ¼ c. De Jugo de limones (aproximadamente el jugo de 2 limones)

- 1 ½ cucharadita. de jarabe de arce puro

- ¾ cucharadita de sal

- ½ cucharadita de pimentón

Direcciones:

1. Dentro de un tazón, coloque los siguientes ingredientes: tahini, aceite de oliva, jarabe de arce, paprika, sal, jugo de limón y ralladura de limón. Use un batidor para mezclarlos en un aderezo suave.

2. Al aderezo, agregue los garbanzos, los pimientos rojos y los chalotes o cebollas verdes. Use una cuchara grande para revolver suavemente.

3. Vacie la mezcla para dividirla entre las 12 hojas de lechuga.
4. Espolvoree almendras y perejil sobre la mezcla, luego envuélvala con lechuga. Cada porción tiene 3 envolturas de lechuga.

Estratos Del Desayuno Al Estilo Italiano

Ingredientes:

- Sal y pimienta negra

- Bocaditos de tomate seco ½ taza

- Perejil ½ taza, picada

- Tomate cortado en dados en lata 2/3 de taza

- Huevos 6

- Leche descremada ¾ de taza

- Mantequilla 2 cdas.

- Fillo Dough 16 hojas, descongeladas

- Salchicha de pollo italiana baja en grasa ¾ lb.

- Aceite de oliva extra virgen ¾ taza, más 1 cda.

- Cebolla amarilla picada 1 taza

- Pimientos morrones picados 2 tazas

- Apio 2 costillas, picadas

- 1 cdta. de orégano seco

- Queso parmesano rallado ½ taza

Direcciones:

1. Para hacer el relleno: Saltee la salchicha hasta que se dore en una sartén. Divida los trozos más grandes en trozos más pequeños. Páselo a un tazón y déjelo a un lado.
2. Caliente el aceite de oliva en la sartén y saltee el apio, los pimientos y las cebollas durante 4 minutos.
3. Sazonar con sal y pimienta y añadir el orégano seco. Transfiera a la bandeja de salchichas.
4. Ahora agregue el tomate picado, el perejil y los trozos de tomate al tazón y mezcle bien.
5. En otro tazón, bata la leche y los huevos, y reserve.
6. Precaliente el horno a 350F.
7. Derretir la mantequilla en el microondas y añadir ¾cup de aceite de oliva y mezclar.
8. Engrase una bandeja para hornear (9" x 13") con la mezcla de aceite y mantequilla.

9. Alinee el molde de hornear con una lámina de fillo. Cepille con la mezcla de mantequilla de aceite y repita con las siguientes 7 hojas.
10. Espolvorear la última hoja con parmesano.
11. Cepille las 8 hojas siguientes con la mezcla de mantequilla de aceite y coloque una capa encima.
12. Repartir el relleno uniformemente sobre las hojas.
13. Verter la mezcla de huevo de leche y doblar el exceso de filete.
14. Hornee de 30 a 40 minutos a 350F.
15. Retirar y enfriar durante 5 minutos.
16. Cortar en cuadritos y servir.

Tortilla Griega De Cara Abierta

Ingredientes:

- 1 cda. de hojas de menta picadas
- Polvo de hornear ½ tsp.
- Pimentón dulce ½ tsp.
- Hierba de eneldo ½ tsp.
- Cilantro ½ tsp.
- Aceite de oliva extra virgen 2 cdas.
- Tomate grande 1, rebanado
- Ajo 1 diente, picado
- 2 cucharadas de queso en rebanadas griego desmenuzado
- Huevos 7

- Sal y pimienta negra

Direcciones:

1. Caliente el aceite de oliva en una sartén.
2. Agregue las rebanadas de tomate y el ajo.
3. Cocine por 5 minutos o hasta que los tomates estén blandos. Añada el queso en rebanadas.
4. Mientras tanto, en un tazón, bata los huevos con sal, pimienta, menta y levadura en polvo.
5. Vierta la mezcla de huevo sobre los tomates.
6. Tape y cocine hasta que la parte superior comience a fraguar.
7. Coloque la sartén en el horno y ase brevemente o hasta que esté completamente cocida. Cortar la tortilla en trozos. Servir.

Batido De Melocotón Al Amanecer

Ingredientes:

- 1 melocotón grande, sin hueso y en rodajas (aprox. 4 oz)
- 6 onzas de yogur griego desnatado de vainilla o melocotón
- 30 ml de leche desnatada
- 68 cubitos de hielo

Direcciones:

1. Mezclar todos los Ingredientes: en una batidora y batir hasta que quede espeso y cremoso. Sírvalo inmediatamente.

Batido De Fresa Y Ruibarbo

Ingredientes:

- ½ taza entera de fresas griegas naturales
- Una pizca de canela molida
- 3 cubitos de hielo
- 1 tallo de ruibarbo, cortado
- 8 onzas de fresas frescas, cortadas en rodajas

Direcciones:

1. Coger un cazo pequeño y llenarlo de agua a fuego fuerte.
2. Llevar a ebullición y añadir el ruibarbo, hervir durante 3 minutos. Escurrir y transferir a una licuadora.
3. Añadir las fresas, la miel, el yogur y la canela y batir hasta obtener una mezcla homogénea.

4. Añadir los cubitos de hielo y batir hasta que espese y no queden grumos. Verter en un vaso y disfrutar frío.

Gachas De Coco

Ingredientes:

- 30 ml de proteína de vainilla en polvo
- 45 ml de harina de linaza dorada
- 30 ml de harina de coco
- Eritritol en polvo según sea necesario
- 1 ½ tazas de leche de almendras sin azúcar

Direcciones:

1. Tome un bol o plato y mezcle la harina de linaza, la proteína en polvo, la harina de coco y mezcle bien. Coloque la mezcla en una cacerola (a fuego medio).
2. Añadir la leche de almendras y mezclar bien, dejando que la mezcla espese. Añadir la cantidad deseada de edulcorante y servir. ¡Que aproveche!

Servicio Italiano Y Tomates

Ingredientes:

- 1 opción saludable a la parrilla, pollo albahaca, o espaguetis con carne o salsa fetuccini Alfredo

- 15 pedazos de tomates uva

Para el postre:

- 6 onzas de yogurt ligero, cualquier sabor

- 1 melocotón fresco

Direcciones:

1. Calentar el pollo a la brasa de albahaca y servir con los tomates.
2. De postre, disfrute de un melocotón sumergido en yogur.

Pasta De Atún

Ingredientes:

- Pizca de pimienta negra molida
- Un cuarto de taza de pimiento, picados
- Un cuarto de taza de cebolla, picada
- 1 ciruela fresca, para servir
- 1 taza de pasta integral cocida, de cualquier forma
- 3 onzas de atún blanco, de lata, escurrido
- 1 1/2 cucharada de mayonesa ligera

Direcciones:

1. Exceptuando la ciruela, combine todos los ingredientes.
2. Servir con la ciruela.

Plato De Desayuno Para El Almuerzo

Ingredientes:

- 2 cucharadas azúcar glas

- 1 taza o porción de bola de béisbol de ensalada de frutas

- 2 rebanadas de pan integral

Direcciones:

1. Ordene desde su restaurante familiar favorito o cena.
2. Pida pan integral espolvoreado con azúcar glas y un lado de ensalada de frutas en las porciones y tamaños indicados en los ingredientes.

Pollo Del Mediterráneo Con Pimienta Cereza

Ingredientes:

- Aceite de oliva: 1 cucharadita
- Cebolla: 1
- Ajo: 8 dientes
- HerbesdeProvence: ½ cucharadita
- Pimiento rojo: según el gusto
- Pepperoncini pimientos: 3 cucharada
- Caldo de pollo: media taza
- Olives de Kalamata: 1 ½ cucharada
- Albahaca: ½ cucharadita
- Orégano: ½ cucharadita
- Muslos de pollo: 4 onzas (con piel)

- Pimienta negra: ½ cucharadita
- Sal: según el gusto
- Comino: ¼ de cucharadita
- Cereza pimientos: 3
- Salchichas: 1 onza
- Mejorana: teaspoom ½

Direcciones:

1. En primer lugar, precaliente el horno a 175 grados centígrados.
2. Muslos de pollo de temporada con el comino, pimienta negra y sal en un tazón.
3. Manténgala aparte para condimentar para desarrollar sabores.
4. Tome embutidos y suavemente las cosas en el pimiento cerezo.
5. Mantenga la cereza pimienta a un lado.

6. Coloque una bandeja en el horno y agregar aceite de oliva a calentar.
7. Coloque suavemente los muslos de pollo en la sartén.
8. Los calentar durante unos 56 minutos por cada lado hasta que se vuelven marrones.
9. Retire la cacerola de la estufa.
10. En otra cacerola, agregue la cebolla hasta que estén bien caramelizado.
11. Agregue ajo reduciendo el calor.
12. Remover el ajo durante 2 minutos y añadir herbesdeProvence junto con pimiento rojo (escamas trituradas.
13. Agregue pepperoncini y continúe a agitar durante 2 minutos antes de quitar el calor.
14. Coloque ya marrón pollo en las opiniones y verter el caldo de pollo encima.
15. Esparcir aleatoriamente aceitunas junto con los pimientos cerezos con salchichas en el pollo.

16. Reduzca el fuego a medio y deje cocinar a fuego lento.
17. Cubrir con una lámina de aluminio y asar en el horno recalentado.
18. Déjalo cocer durante 1 hora.

Pollo Del Mediterráneo

Ingredientes:

- Cebolla: ½ taza

- Tomates: 3

- Tomillo: 2 cucharaditas

- Albahaca: 1 cucharadita

- Olives de Kalamata: ½ taza

- Perejil: ¼ taza

- Sal: según el gusto

- Aceite de oliva: 2 cucharadas

- Vinagre: 2 cucharadas

- Pollo: 3 pechos

- Ajo: 3 dientes

- Pimienta: según el gusto

Direcciones:

1. Tome una cacerola de la parrilla de tamaño mediano y colocarlo sobre el fuego mediano.
2. Añadir aceite de oliva a la sartén y dejar calentar durante 1 minuto.
3. Añadir pechuga de pollo y saltear cada lado durante 5 minutos, hasta que se doren.
4. Retire el pollo de la sartén y mantenerlo a un lado.
5. Toma otro recipiente y colóquelo a fuego alto.
6. Añadir aceite de oliva y dejar calentar durante algunos segundos.
7. Añadir el ajo y la cebolla en la sartén.
8. Saltear durante 4 minutos.
9. Picar tomates y agregarlos en la sartén.
10. Esperar 34 minutos hasta que veas hervir en la sartén.
11. Agregar vinagre y deje cocinar a fuego lento durante al menos 10 minutos.

12. Espolvoree tomillo y dejar que el simmer continúe otros 5 minutos.
13. Añadir ya el pollo asado a la sartén.
14. Cocine pollo hasta que esté tierna.
15. Agregar aceitunas y revolver suavemente.
16. Agregue sal y pimienta según el sabor.

Ensalada De Farro

Ingredientes:

- ½ taza de pepino cortadito en cuadraditos
- 1 taza de tomates cortados en cuadraditos
- 2 cucharadas de alcaparras
- 2 cucharadas de ajo molido
- ¼ taza de aceite de oliva
- ¼ taza de vinagre
- 2 cucharadas de menta picada
- 2 cucharadas de albahaca picada
- 3 tazas de agua
- Sal y pimienta a gusto
- 1 taza de farro

- 1 taza de aceitunas sin carozo (verdes o negras)

- ½ taza de cebolla picada

- ½ taza de zanahoria picada

- ½ taza de hinojo picado

Direcciones:

1. En una cacerola mediana colocar agua y un poco de sal y llevar al hervor. Agregar el farro y cocinar por unos 20 minutos
2. Bajar el fuego y cocinar por unos 10 minutos más
3. En una fuente coloque el farro con el resto de los ingredientes. Condimente con sal y pimienta a gusto y mezcle bien.
4. Sirva

Torta De Vegetales Mediterránea

Ingredientes:

- 450 gramos de zapallo amarillo sin semilla cortado a la juliana

- 3 dientes de ajo picado

- 2 pimientos rojos , sin semilla cortados a la juliana

- 2 pimientos amarillos, sin semillas cortados a la juliana

- 500 gramos de hojas de espinaca

- 400 gramos de setas cortadas en rodajas

- 400 gramos de queso de cabra (o queso feta o mozarela)

- 1 puñado de romero

- 1 puñado de albahaca picada
- Cáscara rallada de 1 limón
- 1 taza de tomates cortados a la juliana
- 450 gramos de berenjenas cortada en rodajas delgadas
- ½ taza de aceite de oliva
- Sal y pimienta a gusto
- 2 chalotes picados
- 450 gramos de zapallos largos sin semilla cortados a la juliana

Direcciones:

1. En una sartén a fuego moderado cocine las berenjenas de ambos lados.
2. En otra sartén caliente 2 cucharadas de aceite de oliva y agregue el ajo, los pimientos rojos y

cocine por unos 15 minutos revolviendo constantemente. Retire del fuego

3. En una sartén cocine los pimientos amarillos con un poco de aceite de oliva a fuego moderado por unos 10 minutos. Agregue la espinaca y revuelva por unos 5 minutos
4. Retire la espinaca y en la misma sartén agregue 2 cucharadas de aceite de oliva y cocine las setas, condimente con sal y pimienta.
5. En un recipiente coloque el queso, agregue el romero, la albahaca y la cáscara de limón y mezcle bien
6. Rocíe una fuente para horno de unos 20 cm de diámetro con aceite vegetal. Coloque todos los Ingredientes:en capas. Es decir primero las berenjenas , luego sobre las mismas los zapallos, luego los pimientos amarillos, y así sucesivamente.

7. Cuando termina la primera capa, comienza nuevamente con las berenjenas y así sucesivamente.
8. Trate de formar 3 capas. Una vez terminado tape la fuente para horno y refrigere por 2 días.

Pan Untado Con Crema De Atún

Ingredientes:

- 3 cucharadas de yogurt griego
- 1 tallo de apio picado
- 1 cebolla de verdeo picada
- 1 cucharada de jugo de limón
- 1 cucharada de eneldo
- 2 latas de atún (170 gramos) colados
- 4 cucharadas de queso crema
- 1 cucharadas de mayonesa

Direcciones:

1. En un recipiente combine todos los Ingredientes:y mezcle bien.

2. Corte el pan en rodajas y unte el pan con esta mezcla

Fettuccine Alfredo

Ingredientes:

- 100 g de mantequilla
- 100 g de queso parmesano rallado
- 400 g de fideos
- 200 ml de nata fresca
- Sal y pimienta para probar.

Direcciones:

1. Cuece los fetuccini en abundante agua con sal. En una sartén, derrita la mantequilla y agregue la crema fresca.
2. Mezcle bien y cocine por 23 minutos. Agregue el queso parmesano rallado y mezcle bien hasta que la salsa se vuelva cremosa.

3. Escurrir los fetuccini al dente y transferirlos a la sartén con la salsa. Saltee el fettuccine en la salsa por un par de minutos.
4. Sazone con sal y pimienta al gusto y sirva de inmediato.

Gnocchi Al Sorrentina

Ingredientes:

- 2 dientes de ajo

- 1 mozzarella de búfala

- 50 g de parmesano rallado

- Albahaca fresca al gusto

- 1 kg de papas

- 250 g de harina, 1 huevo

- 400 g de tomates pelados

- Sal y pimienta para probar

Direcciones:

1. Cuece las papas en agua con sal hasta que estén blandas, luego pégalas y triturarlas con un machacador de papas.

2. Añadir la harina y el huevo y mezclar hasta que la mezcla esté suave y homogénea.
3. Extienda la masa sobre una tabla de amasar y córtala en trozos de 23 cm de largo.
4. Cuece los ñoquis en abundante agua con sal hasta que floten en la superficie, luego escrúpulos y colócalos en una fuente para horno.
5. Mientras tanto, en una sartén, sofreír el ajo picado en aceite de oliva virgen extra, añadir los tomates pelados, la albahaca fresca, salpimentar y cocinar durante unos 10 minutos.
6. Vierta la salsa sobre los ñoquis y espolvoree con la mozzarella cortada en dados y el parmesano rallado.
7. Hornear a 180° por unos 10 minutos, hasta que la mozzarella se derrita y se dore.

Pesto De Rúcula Con Linguine

Ingredientes:

- 50 g de piñones
- 50 g de parmesano rallado
- 1 diente de ajo
- Aceite de oliva virgen extra al gusto
- 400 g Linguine
- 100 g de rúcula
- Sal y pimienta para probar

Direcciones:

1. Cuece el linguini en abundante agua con sal. En la batidora, picar la rúcula, los piñones, el ajo y el queso parmesano rallado.

2. Agregue el aceite de oliva virgen extra lentamente hasta que el pesto se vuelva cremoso.
3. Escurrir los linguini al dente y transferirlos a la sartén con el pesto de rúcula.
4. Saltee el linguini en la salsa durante un par de minutos, agregando un poco de agua de cocción del linguini si el pesto es demasiado espeso.
5. Sazone con sal y pimienta al gusto y sirva de inmediato.

Receta De Pastel De Carne En Olla Lenta

Ingredientes:

- 3 cucharadas de vinagre balsámico.
- 4 dientes de ajo rallados.
- 2 cucharadas de cebolla picada en seco.
- 1 cucharada de orégano seco.
- ½ cucharadita de pimienta negra molida.
- ½ cucharadita de sal Kosher.
- 2 libras de bisonte molido.
- 1 calabacín rallado.
- 2 huevos grandes.
- Aceite de oliva en aerosol según sea necesario.

- 1 calabacín, rallado.

- ½ taza de perejil fresco, finamente picado.

- ½ taza de queso parmesano rallado.

Para la cobertura:

- ¼ de taza de queso mozzarella rallado.

- ¼ de taza de Ketchup sin azúcar

- ¼ de taza de perejil fresco picado.

Direcciones:

1. Forre el interior de una olla de cocción lenta de seis cuartos con papel de aluminio.
2. Rocíe aceite de cocina antiadherente sobre ella.
3. En un tazón grande combine el bisonte molido o el solomillo molido extra magro, el calabacín, los huevos, el perejil, el vinagre balsámico, el ajo, el orégano seco, la sal

marina o kosher, la cebolla seca picada y la pimienta negra molida.

4. Transfiera esta mezcla a la olla de cocción lenta y forme un pan con forma oblonga.
5. Tapar la olla, ponerla a fuego lento y cocinar durante 6 horas.
6. Después de la cocción, abra la olla y extienda la salsa de tomate por todo el pastel de carne.
7. Ahora, coloca el queso encima del ketchup como una nueva capa y cierra la olla de cocción lenta.
8. Deje que el pastel de carne se asiente sobre estas 2 capas durante unos 10 minutos o hasta que el queso empiece a derretirse.
9. Decorar con perejil fresco y queso mozzarella rallado.

www.ingramcontent.com/pod-product-compliance
Lightning Source LLC
LaVergne TN
LVHW010222070526
838199LV00062B/4692